BOUQUET

AU PRINCE IMPÉRIAL

ET

A L'ARMÉE

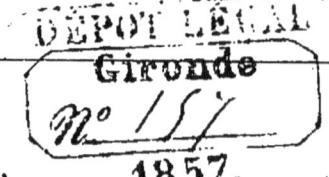

... C'est un ange de paix descendu sur la terre pour le bonheur de l'humanité. (*16 Mars*, page 10.)

... C'est le hurrah de victoire qui retentit sur toute la ligne lorsque le drapeau de France apparaît triomphant sur le mamelon redoutable. (*Retour de Crimée*, page 22.)

BORDEAUX

CHEZ LES PRINCIPAUX LIBRAIRES.

1857

BOUQUET

AU PRINCE IMPÉRIAL ET A L'ARMÉE.

TABLE

	Pag.
La veille du jour de l'an	5
Un jour sans pain	8
Le 16 mars	10
L'âge d'or	13
Le retour de Crimée	18
— A ceux qui ont succombé	26
La guerre civile	28

Bordeaux. — Imprimerie générale de Mme CRUGY, rue Saint-Siméon, 16.

BOUQUET

AU PRINCE IMPÉRIAL

ET

A L'ARMÉE

... C'est un ange de paix descendu sur la terre pour le bonheur de l'humanité. (*16 Mars*, page 10.)

... C'est le hurrah de victoire qui retentit sur toute la ligne lorsque le drapeau de France apparaît triomphant sur le mamelon redoutable. (*Retour de Crimée*, page 22.)

BORDEAUX
CHEZ LES PRINCIPAUX LIBRAIRES.
—
1857

BOUQUET
AU PRINCE IMPÉRIAL
ET
A L'ARMÉE.

LA VEILLE DU JOUR DE L'AN 1857.

—

Prince,

Bientôt poindra pour vous le jour d'un nouvel an;
Votre œil encor nouveau verra maint courtisan
Déposer à vos pieds les plus douces dragées,
Et composer parfois des phrases trop sucrées.

Modeste plébéien, par mon zèle entraîné,
Je monte jusqu'à vous, humblement prosterné.
A défaut de bonbons, de parole servile,
Je vous offre à deux mains mon courage inutile.

De Saint-Ange entendez résonner le canon !...
Le Saint-Père, à cette heure, a béni votre nom.
Tout Romain voit briller la coupole dorée :
D'un nouveau *Roi de Rome* on dirait l'arrivée.

L'Invalide tressaille et salue en grondant
L'Olivier de la paix, les beaux jours d'un Enfant ;
Le présent, l'avenir, d'un concert unanime,
Reconnaissent en vous leur Prince légitime.

Très-illustre héritier de deux grands Empereurs,
Du Trône et des Autels puissants restaurateurs !
Soyez grand, soyez fort, égalez votre Père ;
Soyez doux et clément, écoutez votre Mère.

De génie et de gloire admirable expression,
Du plus fier des Guzman, au courage de lion,
Vous aurez la valeur et les vertus guerrières...
Mais les temps ne sont plus des luttes meurtrières.

Le Destin fera mieux que de dire aux humains :
« Vous ne méritez pas », comme au temps des Romains.
Moderne Marcellus, vous régirez la France
Et par droit de suffrage et par droit de naissance.

Votre œuvre à vous sera de protéger les arts,
De veiller à la paix, d'en dompter les écarts ;
Dégagé des soucis d'une époque anarchique,
Long sera votre règne et surtout magnifique.

Prince à la fois français, espagnol, italien,
Fils aîné de l'Église, Empereur très-chrétien,
Souriez à votre Mère, emplissez-la de joie ;
Dites-lui : Dieu me mène, et c'est lui qui m'envoie.

Que vais-je déposer sur l'impérial berceau,
Qui plaise au bon destin, qui vous soit un cadeau ?
La prière du pauvre est un don efficace,
Qui monte à l'Éternel, en obtient toute grâce.

« Suprême Majesté qui gouvernez le monde ;
» Par qui tout sur la terre au prince, au peuple abonde !
» Versez sur cet Enfant vos bénédictions ;
» Faites que, sans efforts, il mène les nations.

» Pie IX est ici-bas votre seul mandataire.
» Digne évêque de Rome, il en pare la chaire.
» Mais son pouvoir sur nous n'est que spirituel.
» Accordez à mon Prince un mandat temporel.

» Qu'il parle en votre nom, qu'il agisse de même ;
» Que les bons soient sans crainte, et que partout on
» Qu'il soit de tout méchant le salutaire effroi.   [l'aime ;
» Donnez-lui le bon cœur, la tête d'un grand roi.

» Disposez chaque trône à le prendre pour règle :
» Que le monde se plaise à l'abri de son aigle ;
» Qu'il soit du nom Français le flambeau, l'ornement,
» Sous l'égide de Pie, auguste et saint parent.

» Les temps d'un roi mineur sont des jours de révolte ;
» Les lois sont sans effet, les sillons sans récolte.
» A nos Maîtres actuels accordez de longs jours ;
» De leur sage expérience il nous faut le secours. »

Prince, voilà les vœux que mon cœur vous apporte.
En France, j'en suis sûr, chacun de cette sorte
Parle, pense et redit : Vers Paris mon encens ;
Du Fils de l'Empereur que Dieu sauve les ans !

Bordeaux, 28 décembre 1856.

UN JOUR SANS PAIN.

—

O ma pauvre compagne, apparais moins soucieuse !
Mon vieux cœur qui s'éteint, qui te voudrait heureuse,
Brûle toujours pour toi du feu le plus ardent.
Le cœur ne manque pas, oh ! c'est plutôt l'argent !

La santé m'abandonne et la fortune aussi :
Veuve, que feras-tu, sans soutien, sans appui,
Sans argent, sans travail, souffrante et désolée !
Espérons cependant ; mieux vaut cette pensée.

Je n'ai plus pour tout bien que ta fidélité !
De ceux que j'obligeai vois donc la dureté !
O vous dont l'œil voit tout, dont l'âme est charitable,
Visitez ma douleur, rendez-la tolérable !

Bétail, froment, poisson, tout a doublé de prix ;
Le vin valait trois sous, il nous en coûte dix.
Comment payer la ferme, à ses besoins suffire,
Quand on est six à table, et que le mal empire ?

Les jours que nous passons sont parfois bien amers !
Grand Dieu, qu'Inès implore, à qui parlent ces vers,
Daignez en apaiser les rigueurs accablantes ;
Sous vos ailes prenez nos filles innocentes !

Un jour sans feu ni pain ! oh ! la triste journée !
Il faut l'avoir souffert pour en peindre l'idée !

Les démons, en enfer, sont-ils moins tourmentés ?
Avoir froid, être à jeun, quoi de plus aux damnés ?

Comparaissez ici, mes pauvres demoiselles !
Pour vous la vie aussi se montre des plus cruelles !
Enfants que nous aimons, venez sur notre sein....
Ne pleurez pas. Mon Dieu !... L'on frappe... C'est du pain !

Fatal cinquante-sept, ton lugubre flambeau
Rayonne sur ma couche et m'appelle au tombeau !
Pourquoi, Seigneur, pourquoi ces tourments à mon cœur !
Pourquoi d'un dur hiver augmenter la rigueur !

Pauvre à mourir de faim, je possède un trésor
Qui, pour avoir valeur, a besoin d'un peu d'or.
Aurai-je bien le temps de léguer à mes filles
Ce fruit de mon travail, nécessaire aux familles ?

Nos enfants sont sauvés si je fais cet ouvrage.
Vous dont le cœur est bon, qui lisez cette page,
Engagez votre ami, bienveillant comme vous,
A soulager ma peine en dépensant cinq sous.

Tout en nous résignant, redoublons d'énergie ;
Femme, ayons confiance en Jésus, en Marie...
Montrons un grand courage, et le ciel apaisé
Retiendra le navire aux écueils exposé.

Ces vers trop imparfaits sont sujets à critique.
Le mal, le froid, la faim, arguments sans réplique,
Toujours me harcelant, ne cessaient de crier :
Pour aller droit au cœur, essayez de chanter !

2 février 1857.

LE 16 MARS 1856.

Adresse à l'Empereur.

Sire,

Dieu, qui protége toujours la France, ne lui ménage pas, lorsqu'elle le mérite, les jours de joie et de bonheur.

Naguère, le canon grondait aux quatre coins du pays : c'était pour annoncer la chute d'une ville superbe, une victoire chèrement acquise, et les accents de sa voix solennelle avaient peine à contenir des émotions tristes et lugubres.

A cette heure encore, l'airain tonne de toutes parts ; mais cette fois le triomphe qu'il publie est entièrement pacifique, entièrement pur de tout sentiment d'amertume. Sa grande voix, libre et sonore, n'a pas à s'attendrir sur les cris des blessés et le râle des mourants : c'est *un Ange de paix* descendu sur la terre pour le bonheur de l'humanité.

Comme au temps d'Auguste, le Dieu des armées,

qui est aussi celui de la concorde et de la paix, a enfin touché le cœur des maîtres de la terre, selon les loyales intentions de Votre Majesté, et le calme s'est fait subitement, et l'Empire s'est trouvé libre de graves préoccupations pour fêter dignement, à sa naissance, *l'Olivier de la paix.*

Sire, le Suprême Modérateur a sans doute voulu dire, non seulement à la France, mais à l'Europe, mais à l'univers civilisé : « A compter de ce jour où commencent des temps nouveaux, il n'y aura plus de luttes fratricides de nation à nation ; désormais, l'Empire, c'est la paix, c'est l'entente et la réconciliation universelles, c'est le règne du travail, de la civilisation, de la justice, du progrès. Ambassadeurs des puissances réunis en congrès, recueillez-vous au pied de ce berceau, et sachez que le jeune Prince que je produis aujourd'hui si solennellement sur la scène du monde, sera dans l'avenir le garant et le gardien de ma promesse. »

Sire, que Dieu continue à veiller sur cet Enfant pour l'accomplissement de ses desseins, qui sont les vôtres, pour le bonheur de Votre Majesté et celui de son auguste Épouse, pour le bonheur de la France et de tous les peuples qui reçoivent d'elle l'impulsion et le génie !

Qu'il accorde à Votre Majesté des jours assez pleins pour lui permettre d'inculquer Elle-même à ce jeune héritier de sa couronne les sublimes leçons de son expérience et de sa sagesse, pour en faire un jour le digne continuateur de cette dynastie des Napoléon, que la divine Providence a suscitée deux fois pour réconcilier la France avec elle-même et assurer le repos de ses destinées!

Tels sont, Sire, les vœux sincères que le soussigné vient déposer au pied du trône populaire; daigne Votre Majesté vouloir bien en agréer la très-humble et très-fidèle expression.

L. R......, le 20 mars 1856.

L'AGE D'OR.

Prince,

La nature a déjà parlé en vous par ses voix les plus intimes et les plus mystérieuses. Déjà vous souriez à votre Mère, et la première étincelle partie de votre cœur est un doux reflet de tendresse et d'amour.

Déjà votre âme, innocente et pure, œuvre toute belle des mains du Créateur, laisse apercevoir le germe des solides vertus qui forment les héros et des éminentes qualités qui distinguent les grands rois. Impatiente de montrer à la terre les dons précieux dont le ciel l'a parée, elle compte un à un des jours trop frivoles et perdus pour la gloire.

Heureuse Mère d'un tel Fils !... Mais encore plus heureux Fils d'une telle Mère !... La Providence, sur son divin modèle, vous a donc créés l'un à l'image de l'autre; elle a vous a donné deux cœurs également beaux, également bons, également parfaits, et vous allez, par le commerce des plus douces et des plus heureuses inspirations, réaliser enfin pour le monde de précieuses espérances !

Mais pour vous conduire plus sûrement à vos sublimes destinées, noble Prince, que de cœurs réunis ! que de vœux confondus ! que de mains vers le ciel !

Et d'abord, votre auguste Père, dont le génie infatigable aplanit toutes les voies, écarte tous les obstacles, clôture le passé, assied le présent, et prépare l'avenir ; puis des millions de pieuses mères, à genoux devant Notre-Dame-de-France, et invoquant sa protection pour le pacifique et futur Empereur de leurs jeunes enfants ; puis encore pareil nombre de loyaux et fidèles Français, fatigués des discordes civiles et désireux de consolider sur votre jeune tête leur œuvre personnelle ; enfin, les cent mille sanctuaires de la catholicité unissant leurs voix aux bénédictions du Saint-Père, et s'écriant avec lui du haut du Vatican : Celui-ci est mon Fils bien-aimé ; Seigneur, mettez en lui toutes vos complaisances !

Prince aimé de Dieu, vous ne porterez pas le titre pompeux de Roi de Rome..., mais vous n'en régnerez pas moins sur l'Italie et sur les bords fameux de ce lac immense qu'entourait l'empire romain. Vous commanderez de Lutèce à Memphis, de Sagonte à Palmyre, de Carthage en Scythie. L'univers entier, des rochers de la Baltique aux mers du Japon, des cimes de l'Atlas aux mines du Pérou, des rives du Bosphore aux comptoirs d'Australie, subira votre influence ou sera soumis à vos lois.

Prince, quand vous monterez sur le trône, la seconde moitié du siècle présent aura achevé sa course... Nos yeux éteints auront regretté la lumière, et l'histoire impartiale aura tressé des couronnes à la gloire d'un auguste monarque. Elle aura enregistré en lettres d'or les bienfaits d'un long règne, fruits d'une sagesse infinie et d'une expérience consommée. Le monde, si agité naguère, aujourd'hui si paisible, se sera tout à fait remis de ses longues secousses, et nulles traces ne diront les terribles ébranlements dont nous avons été les acteurs ou les témoins. Deux magnifiques fleurons auront encore rehaussé l'éclat de votre couronne : l'Algérie, peuplée d'innombrables colons, sera redevenue, sous l'œil habile de votre Père, un grenier d'abondance, un riche et puissant royaume ; Madagascar, conquise et civilisée, tiendra le milieu entre Calcutta et la Havane, entre Golconde et Potosi, entre les richesses de l'Inde et l'or du Mexique.

A votre avénement, les idées de paix et d'union domineront le monde. Le christianisme étendra partout ses rameaux bienfaisants. L'instruction, universellement répandue, aura amené une civilisation bien autrement avancée. Partout la même langue, conséquence de la même foi. La science en tout aura à peu près dit son dernier mot. La peste et le choléra ne décimeront plus les cités. Les fléaux destructeurs auront cessé de ravager les moissons. La vigne consolée se réjouira de son heureuse fécondité. L'agriculture aura été portée au dernier degré de perfection.

La vie sera à bon marché, l'abondance générale, la disette impossible. La vapeur, bienfaisante mais terrible, aura refréné l'ardeur déréglée de ses coursiers indociles. Suez et Panama auront abaissé au commerce leurs éternelles barrières. Les éléments maîtrisés laisseront un libre essor à la volonté de l'homme. Un point d'appui aura été trouvé dans l'espace sillonné désormais de puissants véhicules aériens... L'effet instantané du magnétisme et du fil électrique aura annulé toutes les distances, effacé toutes les limites. Autrefois on a dit : Il n'y a plus de Pyrénées ; alors on dira : Il n'y a plus d'Océan ! Prince, vous verrez toutes ces choses ; vous montrerez à vos peuples le ciel escaladé, les mondes mis en contact, leurs habitants interrogés, les secrets éternels approfondis, dévoilés !

Mais que feront les modernes Titans, éblouis de tant de splendeur et de gloire ? Précipités de l'Olympe pour une trop audacieuse et criminelle entreprise, rouleront-ils foudroyés dans les profondeurs ténébreuses du Tartare irrité ? Ou bien, nouveaux Phaétons, leurs cadavres calcinés iront-ils troubler de leur chute les paisibles roseaux de l'antique Éridan ? Non, Prince, si grande et si aveugle ne sera point leur folie. Moins orgueilleux et plus sensés que leurs pères, ivres de reconnaissance et d'amour, ils sauront s'abaisser devant la majesté des cieux, et reconnaître, dans leurs œuvres merveilleuses, la main toute puissante qui les a tirés du néant et leur a permis d'atteindre à de si hautes destinées.

En attendant ces jours heureux d'un grand règne auquel, Dieu aidant, vous imprimerez le sceau impérissable de votre nom immortel, dormez en paix, Prince, digne objet de tant d'amour et d'espérance ! Dormez en paix, enveloppé dans la pourpre des rois, mollement bercé par votre jeune nourrice ! Dormez en paix sous la garde de Dieu, sous l'égide de votre tendre Mère, protégé par les prières d'un grand peuple, abrité sous les lauriers d'invincibles soldats !

14 juin 1856, jour du baptême.

LE RETOUR DE CRIMÉE.

A un Capitaine de chasseurs à pied.

Elle a donc succombé cette ville superbe, cette fière et arrogante Ilion, aux cent tours crénelées, aux mille canons béants ; et les glorieux vainqueurs rentrent aujourd'hui triomphants et honorés dans leur patrie aimée.

Plus vaillants et plus habiles que les soldats d'Atride, vous n'avez pas demandé dix années pour venger l'enlèvement d'Hélène et l'outrage de Ménélas. Du jour où l'Occident indigné tressaillit menaçant comme une forêt battue par la tempête, et lança, des rivages de la provençale Aulis, ses citadelles flottantes avec ses guerriers invincibles, quelques mois vous suffirent pour enrayer la sauvage énergie du César moscovite et la bouillante ardeur de son fils Constantin. Alma et Inkermann, voilà les jumelles barrières que, d'un bond, vous posâtes aux allures fougueuses de cet insolent envahisseur. Saint-Arnaud, Raglan, Cambridge, prince Napoléon, Campbell, Cathcart, de Lourmel,

Canrobert, Simpson, Bosquet, Cler, Bourbaki, d'Autemarre, vous aussi vous avez vos Leuctres et vos Mantinées ! Vous aussi, comme le guerrier thébain, vous avez devant l'histoire deux filles illustres et immortelles qui ne laisseront pas périr votre nom !

Mais pour arriver à cette fameuse nuit que la douleur d'Énée ne put redire à Didon attendrie, qu'Homère et Virgile seuls purent peindre d'une manière convenable et digne; pour arriver, dis-je, à cette fameuse nuit où l'œil étonné du guerrier franc et du fils d'Albion vit voler dans les airs, aux éclats de la poudre et du tonnerre, aux sinistres lueurs d'un immense incendie, et les membres calcinés des soldats ennemis, et le granit des citadelles, et le bronze des arsenaux, et la charpente des navires enflammés, dans la rade, que de combats divers ! que de surprises nocturnes ! que de froides nuits ! que de pertes cruelles ! que de trépas glorieux dévorés par l'oubli !

Une fois seulement, la fortune trahit vos efforts, et la victoire refusa de vous suivre au milieu des sentiers trop abruptes où vous voulûtes la conduire. Le noble sang des Hellènes coula à flots, et plus d'un Patrocle succomba sous le fer insidieux du Troyen irrité... La trop audacieuse tentative du 7 juin amena donc la douloureuse catastrophe du 18 ! O date à jamais funeste ! pourquoi revivre en ce jour, lorsqu'on veut t'ensevelir plus profondément encore !

De Brancion, Hardy, Lavarande, Meyran, Brunet, Bizot, Vaissier, Laboussinière, vous réclamiez, du fond de la tombe, une journée vengeresse! Au lieu d'une, il en vint deux! Le 16 août fut l'heureux prélude, la glorieuse avant-scène, le soleil d'Austerlitz du 8 septembre, journée grande et terrible entre toutes les grandes et terribles journées. Un mois entier, mille bouches à feu vomirent le fer et la mitraille contre ces murs de roche, et ébranlèrent, de leurs puissantes voix, tous les échos de l'Euxin. Mille autres leur répondirent, et, durant ce long intermède, le ciel de Crimée s'enflamma à tel point, que la nuit ne différa du jour que pour offrir un spectacle plus émouvant encore.

Enfin, vint le jour de l'assaut. Forts d'un courage que rien n'étonne et du titre mérité de premiers soldats du monde, vous dédaignâtes les artifices d'un second Ulysse, et, loin de vouloir surprendre une ville plongée dans le sommeil de l'ivresse, ni la tromper par l'amorce d'un présent funeste offert à ses dieux protecteurs, ni tourner contre elle le silence menteur d'une nuit obscure, c'est à ciel ouvert, en plein midi, à la clarté d'un soleil brûlant que vous vous êtes élancés, que vous avez planté vos aigles victorieuses sur les cadavres des vaincus, malgré les phalanges sans cesse renaissantes d'un implacable ennemi. Quel effroyable carnage il dut alors y avoir! Quelle immense hécatombe offerte aux mânes du 18 juin! O zouaves sans pareils! ô chasseurs intrépides! ô brave 20e! ô héroïque 27e! vous pouvez le raconter!

Il me semble voir un guerrier slave, partagé de pied

en cap par la vigoureuse main d'un nouveau Godefroy, promener dans la ville sa morne et hideuse contenance, et faire reculer d'horreur ses compagnons épouvantés; ou encore un nouveau Cœur-de-Lion, la poitrine hérissée de flèches, soutenir, par le seul effet de son courage et de sa puissante armure, les efforts combinés d'un bataillon entier. Mais non, c'est l'Agamemnon de l'entreprise, c'est le généralissime *Pélissier*, grave et réfléchi, disant à tous que l'heure est venue, et imposant aux tonnantes batteries un silence solennel; c'est la *Canrobert*, frémissante et déchaînée, qui s'élance furieuse hors de ses issues; c'est le zouave *Libau*, échappant comme par miracle aux engins, aux boulets et aux balles, et se montrant, lui premier, sur le rempart Malakoff; c'est le preux, le chevaleresque *Mac-Mahon*, impassible en face du danger, et jurant sur son épée qu'il s'y maintiendra; c'est le héros d'Inkermann, c'est l'intrépide *Bosquet*, frappé au milieu du triomphe : on l'emporte sur un brancard, baigné dans son sang; c'est le beau, c'est le valeureux *Villeneuve*, que rien n'arrête, accomplissant généreusement son sacrifice, blessé à la tête, blessé au bras, blessé aux reins, blessé partout; il avance toujours, calme et résolu, jusqu'à ce que bientôt la mitraille l'ait moissonné; c'est *John Bull*, s'avançant lourdement, et affrontant les feux croisés du Redan avec cet aplomb et cet héroïsme britanniques depuis longtemps consignés dans l'histoire, mais dignes cette fois d'un meilleur succès; enfin, c'est le *hurrah* de victoire qui retentit sur toute la ligne lorsque le drapeau de la France apparaît triomphant sur le mamelon redoutable. De St-Pol, de Sabran-Pondevès, illustres victimes, qui avez succombé dans cette gigantesque lutte, vos noms sont acquis à l'immortalité!

Aux secondes lignes, un peu en arrière, non loin des étendards de Savoie et des fils du Croissant, quelle est donc cette face rayonnante dont les yeux lancent des éclairs, dont l'impatience bouillonne et se contient avec peine sous le frein de la discipline? C'est vous, mon parrain, que le sort ou plutôt les dispositions de vos chefs ont placé aux réserves pour réparer la défaite ou assurer la victoire. Je vous entends encore crier à vos aînés : « Frères, assez pour vous! Place à nous! Que du moins nous puissions achever la besogne! » Vous regrettez profondément, je le sais, cette page immortelle qui eût dignement couronné vos courses de Kabylie, vos périls des tranchées, vos exploits de Kertch et de Jénikalé, vos hauts faits de Kinburn et de Traktyr; mais vous n'en avez pas moins contribué au succès, et une part vous revient de la gloire conquise en ce jour mémorable.

Aujourd'hui, la victoire fructifie, et la paix se rassied. Plus heureux que les vainqueurs de la Troade, ceux de Sébastopol ne voient pas leur retour marqué par des désastres ou contrarié par les vents. Neptune se montre propice à des guerriers qui ne sont signalés ni par le meurtre d'Iphigénie, ni par des impiétés sacriléges; qui n'ont pas exigé de voir Priam aux pieds d'Achille, courbé sous le poids de l'âge et d'une pesante rançon, réclamant avec larmes le corps outragé de son malheureux fils ; et moins encore de voir Hécube et Andromaque, la veuve de Priam et celle d'Hector, la beauté et les cheveux blancs, chargées de fer et traînées en esclavage. Vos cœurs de guerriers en eussent gémi d'indignation.

Votre rentrée s'accomplit donc sous les auspices de la Providence par une prompte et facile navigation. O modernes Achilles! vous n'avez pas terni vos lauriers ! vous n'avez pas déshonoré vos victoires ! Aussi, vous ne périrez pas dans le temple de Minerve. Vous reverrez la Thessalie, et votre vieux père, s'il vit encore, vous pressera tendrement sur son sein ! Tous vous retrouverez vos royaumes intacts, et pas une Pénélope n'aura osé courir les chances d'un second hyménée.

O mon parrain ! que nous apportez-vous de l'insalubre Tauride et des rivages de la Toison-d'Or, qui ne sont pas loin de là ? Une ample moisson de lauriers et de gloire ! Que vois-je briller sur votre poitrine respectée ? La croix de l'honneur, l'étoile de la bravoure et du courage. O mon cher oncle ! quel grand jour pour nous ! pour votre vieux père ! pour votre bonne mère ! pour votre frère bien-aimé ! pour moi, qui suis sa fille ! Que vous nous causez à tous un orgueil bien légitime et bien naturel ! Dieu soit loué, mon parrain, de nous avoir ménagé de si douces émotions, de si précieuses récompenses; de vous avoir conservé sain et sauf à travers tant de périls, à travers tant de sanglants épisodes où d'autres, moins heureux, se sont abîmés dans leur gloire, perdus pour leurs parents ! Sans doute, votre pieuse mère, plus sensée que Thétis, ne vous avait pas trempé dans les ondes d'un Styx impuissant, et c'est Dieu lui-même qui a détourné de votre talon la flèche cachée d'un lâche Pâris ou le dard invisible lancé par la main du hasard. A lui donc notre bien vive reconnaissance !

Il y a vingt ans, je crois, que, vous souvenant du fils de Pélée à la cour de Lycomède, vous optâtes définitivement entre le casque et le bonnet carré, entre la mitre et l'épée, entre Belzunce et Turenne, entre Bossuet et Condé. Serait-il vrai, mon parrain, que vous eussiez dans votre giberne, sans le savoir, les épaulettes dorées de général, voire même le bâton plus solide de maréchal ? Les douces illusions dont aime à se bercer la trop présomptueuse jeunesse durent certainement alors se présenter à votre esprit; elles marchent rapidement, à cette heure, vers une complète réalisation.

O digne évêque de Saintes ! ô Guy de Br...! si ce choix, trop contraire et trop cruel à vos pieux désirs, a pu suspendre un instant le bonheur ineffable et sans fin dont vous jouissez là-haut, reprenez maintenant votre calme et votre sérénité première : ce rejeton d'une noble race n'a point failli à ses aïeux.

O ombres guerrières des Sorluz et des Nadeau, qui dormez depuis des siècles sous les voûtes ruinées de

la chapelle de R........, renaissez de vos cendres....
Secouez la poussière de vos nobles fronts, et sortez de
la tombe parés des glorieux insignes du commandement. Venez vous réjouir avec nous, et célébrer, sous
le vert feuillage de votre antique donjon, la gloire d'un
arrière-neveu, à l'air martial, à la haute stature, au
mâle et noble visage, au nom magique et retentissant;
d'un jeune héros dont le sang fut le vôtre et ne saurait
dégénérer.

Vaillant Capitaine,

La patrie, en ce jour, vous offre une couronne;
C'est la main qui la tresse et le cœur qui la donne.

PREMIER TOAST.

La terre que nous foulons a été de tout temps fertile
en courages fameux. C'est ici que virent le jour les
Reynier, les Lefebvre, les Bégaud, les Blanchard, et
ces vingt-six volontaires de 92, dont les noms respectés
ne sont pas encore perdus dans la mémoire de la trop
oublieuse postérité! C'est ici qu'est venu se reposer de
ses longues et pénibles courses, qu'est venu goûter des
jours paisibles et pleins, ce vieux chevalier sans peur
et sans reproches, ce digne et généreux M. L........,
que nous entourons tous du plus profond respect, de
la plus religieuse vénération; dont les armoiries matrimoniales s'honorent mutuellement en unissant les

temps merveilleux de Napoléon aux temps non moins fameux de saint Louis et de Condé. Br........, c'est ici que réside dans le calme de sa conscience et dans la gloire de son passé, ce vieil et brave officier, dont le cœur sensible et bon vous envoyait sur la terre étrangère des souvenirs et des vœux, que ses mains, sanctifiées par la victoire, seraient aujourd'hui toutes fières et tout heureuses de convertir en immortelles couronnes.

Aux nobles épées de Wagram et de Traktyr!!!
A la gloire des deux époques!!!

SECOND TOAST.

A ceux qui ont succombé!

O vous qui reposez glorieux sur ces rives lointaines, salut!.... Salut, mânes de nos frères qui avez succombé au champ d'honneur!.... qui avez payé de votre sang généreux les triomphes de la patrie!.... Vous nous aviez laissé le cœur plein d'enthousiasme et d'espérance : hélas! nous ne devions plus nous revoir!.... Mais vous n'êtes point condamnés à un éternel oubli.... La France gardera religieusement le souvenir de vos noms désormais immortels.... Elle les inscrira au temple de Mémoire, et la postérité la plus reculée apprendra avec une orgueilleuse admiration que, si cent mille de nos guerriers allèrent autrefois mourir sur la terre de Crimée, au pied de ces fameux remparts aujourd'hui renversés, ce fut pour venger le droit de l'injustice, la faiblesse de l'oppression, la civilisation de la barbarie, la liberté de l'esclavage.

Donnons donc une pensée, un soupir, une larme, à nos frères qui ne sont plus, aux héros qui dorment ensevelis avec la mitraille dans les champs de Sébastopol ! Jurons de veiller à leurs cendres ! Et malheur à quiconque oserait les profaner !

R........., le 12 juillet 1856.

LA GUERRE CIVILE.

La guerre civile est celle qui éclate entre les citoyens d'un même pays, lorsque la voix des partis a réussi à dominer celle du Prince, et étouffé dans le cœur des sujets tout sentiment de patriotisme et de raison ; lorsque des chefs ambitieux en ont appelé aux passions populaires et aux appétits grossiers des hommes dépravés. Alors, le pays tout entier se couvre de factions se poursuivant d'une jalouse fureur et semant autour d'elles le meurtre, l'incendie, la ruine et le pillage ; et il n'y a pas dans l'État le plus petit coin de terre qui ne montre les traces hideuses d'un si funeste ouragan.

La guerre civile enfante des calamités que n'a jamais connues la guerre étrangère ; et les incursions des Goths, des Huns et des Vandales, aux temps d'Alaric, d'Attila et de Genséric, les terribles apparitions des Suèves et des Normands, sous les Harold et les Rollon, ont répandu moins de maux sur l'Europe que les fureurs de la Ligue, le règne de la Terreur et les folies des Philanthropes n'en ont causé parmi nous. A travers leurs luttes continuelles, l'Angleterre et la France ne furent jamais plus malheureuses qu'à l'époque des enfants d'Édouard et de l'infortuné Charles VI, que lors des deux Roses et des trois Henri, que sous les Armagnacs et les Bourguignons, qu'aux jours des Duchêne et des Buchanan. Malgré leurs animosités mutuelles, leur longue rivalité et les affronts encore saignants de Poitiers et d'Azincourt, de Bouvines et de Taillebourg, de Ramilies et d'Oudenarde, de Friedlingen et de Fontenoy, les deux fières nations, qu'elles eussent à leur tête le Prince Noir ou Jean-le-Bon, Lancastre ou Boucicaut, Jean-Sans-Terre ou saint Louis, Richard ou Philippe-Auguste, Maurice ou Cumberland, furent toujours disposées, une fois la fumée du camp disparue, à se traiter avec humanité. Elles consentirent, pour un temps du moins et sans arrière-pensée peut-être, à se voir, à se parler, à s'estimer, à s'entendre. Leurs armées victorieuses firent toujours trêve de haine et preuve de générosité à l'égard du vaincu que le sort des armes avait placé entre leurs mains. Et combien de fois ne vit-on pas de fiers combattants s'arrêter tout à coup dans l'arène, d'un commun accord suspendre le combat, échanger une poignée de main, voire même choquer de verre et boire à la santé du futur vainqueur !

En guerre civile, telle n'est pas le consolant épisode, la loyale issue d'une action meurtrière. De valeureux adversaires, blessés et prisonniers, sont cruellement immolés, impitoyablement égorgés, massacrés. Le cœur du farouche triomphateur est devenu inaccessible à tout sentiment de pitié ; on dirait qu'il s'efforce de surpasser en férocité le tigre rugissant ou la hyène furieuse. Les cadavres des victimes sont publiquement insultés et traînés dans la boue, aux applaudissements frénétiques d'une populace en délire. En de tels moments, le corps d'un ennemi mort sent toujours bon, et il se commet des crimes d'une telle bassesse et d'une telle barbarie, qu'ils font honte à l'espèce humaine et n'ont de nom dans aucune langue.

Dans les guerres nationales, les pays frontières ont seuls à souffrir de la présence de l'ennemi. Partout ailleurs les familles sont paisibles, les champs cultivés, les ateliers en action, les têtes en repos; partout on n'a qu'un cœur et qu'une âme pour défendre le territoire envahi ; on n'entend qu'une voix pour exalter les triomphes de la patrie victorieuse. C'est également en commun qu'on déplore ses revers, et qu'on verse des larmes à la mémoire de ceux qui ont succombé au champ d'honneur. Aussitôt que la paix est signée, le vaincu se résigne sans murmure, et la plus franche réconciliation s'opère dans les cœurs. Mais, voyez les déplorables effets des discordes civiles : tout le pays se soulève à la fois, la place publique se remplit de cris et de tumulte, les boutiques sont fermées, les ateliers sont déserts, tous les citoyens sont debout, en alerte, prêts à défendre leurs vies ou leurs biens contre les nouveaux barbares que l'enfer leur envoie. Le Nord se dresse contre le Midi, l'Orient contre l'Occident, Français contre Français, Romains contre Romains; tous les cerveaux semblent transportés d'une égale fureur : la défiance est partout. Les sentiments de la nature sont oubliés, méconnus. Le père assassine le fils, soldat d'une horrible cause; le fils poignarde son père, qu'il abhorre dans le camp ennemi. Le bienfaiteur, le maître bon et dévoué s'affaisse sous la main qu'il avait comblée de bienfaits. — Les sillons demeurés incultes ne donnent plus de moissons; la plus affreuse misère couvre le pays de son manteau délabré; elle pèse de tout son poids sur tous les citoyens de toutes les classes. L'État, déjà appauvri, voit ses ressources de plus en plus taries, et, pour comble de maux, la peste et la famine, fléaux de Dieu contre l'humanité coupable, affligent et dévorent les cités. Ce n'est pas tout encore : il faudra de longs jours pour pardonner des crimes atroces, pour oublier des parents, des amis égorgés ou jetés en exil, pour s'habituer à voir son ennemi en face, pour supporter son regard provocateur, et son joug toujours odieux, quelque doux et léger qu'il soit. La clémence et le pardon sont peu de chose, ou même ne sont rien, pour des cœurs si profondément ulcérés, et presque toujours ce n'est pas assez du temps pour assoupir et éteindre tant de haine et d'envie; ce feu dévorant dure encore aux dernières lueurs de la vie, et menace de survivre au silence du tombeau.

Artisans des discordes civiles, vous vous vantez d'aimer les hommes et de les servir... Voilà votre œuvre!

www.ingramcontent.com/pod-product-compliance
Lightning Source LLC
Chambersburg PA
CBHW070710050426
42451CB00008B/587